99％の人がしていない
たった1％の
仕事のコツ

河野英太郎

本書を手に取った
あなたへ

私も含め、日本人はまじめです。そしてこのまじめさが仕事で裏目に出てしまうことがあります。

「上司」へのまじめな気遣いから報連相(ホウレンソウ)のタイミングを逃し、結果、報告をするのに2週間かかってしまったり、「最上位者」をたてるという礼儀正しさから、会議で全員が黙りこみ、いつまでたっても会議が終わらなかったり。

これっていろんな人のいろんなものを奪っていますよね。
時間やコスト、他の仕事をしたり、品質を上げたりする機会などなど。
とっても「もったいない」。

では、この「もったいない」状態はなぜ起きるのでしょうか?

これはシンプルに言うと、悪い意味で「まじめ」すぎるのです。
スポーツ心理学の世界では「逆U字」と呼ばれる仮説があり、これは、まじめすぎてもパフォーマンスが上がらないことを意味しています。

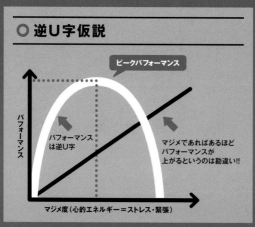

ピークパフォーマンスに持っていくには、これまでの「まじめ」に対する考え方に、少しだけ工夫を加えることが必要です。

ある人が「『まじめ』と『みじめ』は、一字の違い」と印象的なことを言っていました。これは「まじめ」であることを揶揄しているのではなく、はき違えた「まじめ」さは、その人の誠実な本意に反して「みじめ」な結果をもたらすことを強烈に伝えています。

この本では、仕事を効率的に進め、着実に目標を達成するために、特別な能力や長く苦しい訓練がなくとも、ちょっとした工夫さえすれば、誰でも、今すぐ成果につながる仕事のヒントを図解で紹介しています。

書いてあることは当たり前のことや、本当に些細と感じるようなことかもしれませんが、意外にすべてを実行している人は少ないものです。おそらく99％の人が実行していない、と言っていいかもしれません。一方、これらの工夫をしている人を見ると、やはり周りからは一歩抜き出た、いわゆる「デキる人」が多いです。「デキる人」になるためには、特別なことを派手にやるというよりも、むしろ本書で紹介したような基本的なことを、愚直に積み重ねることが近道、というのが私の主張です。

ただ、一つだけ越えなければいけない壁は、今までわれわれが重視してきた「まじめさ」に対する考え方を、少しだけ変える必要がある、という点です。それを「1％のコツ」という表現にこめました。

本書は8つの章で構成されています。基本的には、頭から順に読んでいただくことを想定していますが、見開きで完結するよう工夫をしていますので、課題と感じるところや興味を持ったところから読んでいただいてもOKです。
読後はぜひ、ここに書いてあるヒントをすぐに実行してみてください。突然、飛躍的に仕事がうまくいくようになっていることに気づくはずです。

2015年2月

河野英太郎

仕事力診断

報連相のコツ ⇒ 11ページ

Q1 先輩に資料作成の報告。一番印象のいい伝え方は？

- Ⓐ「とりあえず、この資料作っておきます」
- Ⓑ「まず、この資料作っておきます」
- Ⓒ「取り急ぎ、この資料作っておきます」

正解 Ⓑ 「とりあえず」ではなく、「まず」と言う

会議のコツ ⇒ 25ページ

Q2 どうしても自分の意見を通したい重要な会議。参加者は上司や先輩ばかり。さて、どこに座る？

- Ⓐ 後輩なのだから「ドアの近くの下座」
- Ⓑ 今日は自分が主導権を握る！「ホワイトボード前の上座」

正解 Ⓑ 席順に配慮する

メールのコツ ⇒ 39ページ

Q3 いつも忙しく、大量のメールを処理している相手に送るメールのタイトル、理想的なのはどっち？

- Ⓐ「資料請求：○○会議」
- Ⓑ「○○会議について」

正解 Ⓐ 件名を工夫する

文書作成のコツ ⇒ 51ページ

Q4 会議で紙の資料が配布された。終了後の資料の処理として不適切なのは？

- Ⓐ 紙の資料をスキャンして保存
- Ⓑ 後日必要になりそうな資料のデータ保管場所を確認
- Ⓒ 紙の資料をデスクに保管。いつでも確認できるように

正解 Ⓒ 紙資料は保管しない

コミュニケーションのコツ ⇒ 65ページ

Q5 出勤時、さてどのルートで自席に向かう?
- Ⓐ 壁沿いを歩いて、最短距離で自席に直行
- Ⓑ ちょっと寄り道して、オフィスの真ん中を歩く

正解 Ⓑ オフィスでは真ん中を歩く

時間のコツ ⇒ 75ページ

Q6 他人から仕事を頼まれることも増えてきた。さて、あなたが取るべき道は?
- Ⓐ 自分の限界を超えていると感じたら、本分以外の仕事は引き受けない
- Ⓑ 頼まれた仕事を断るのは信用にかかわるので、できる限り引き受ける

正解 Ⓐ 他人の時間をムダにしない

チームワークのコツ ⇒ 83ページ

Q7 チームメンバーにお礼を伝えるとき、どちらがより相手に伝わる?
- Ⓐ 「よくやってくれましたね、ありがとう」
- Ⓑ 「あのときのあなたの発言は、的確でした」

正解 Ⓑ ポジティブフィードバックには理由を添える

目標達成のコツ ⇒ 99ページ

Q8 英語学習を本格的にはじめたい! さて、どのようにスタートしようか
- Ⓐ 無理しても長続きしない。英語のラジオをなんとなく聴くことからはじめよう
- Ⓑ 多少面倒でも、しっかり学ぶのが早くて確実。英会話学校に入ろう

正解 Ⓐ 簡単なことから習慣化する

99%の人がしていない たった1%の仕事のコツ

CONTENTS

はじめに 002

CHAPTER 01
報連相のコツ

1. 自信があるようにふるまう 012
2. 聞かれたことに答える 014
3. 「3分ください」を口ぐせにする 016
4. エレベーターブリーフィングを実践する 018
5. 「とりあえず」ではなく「まず」と言ってみる 020
6. 優先順位は、対面→電話→メール 022

CHAPTER 02
会議のコツ

1. 会議はすべて8分の1にする 026

- 2 会議の趣旨を明確にする　028
- 3 シナリオを考え時間を区切る　030
- 4 席順に配慮する　032
- 5 ホワイトボードを使う　034
- 6 会議後のアクションはその場で決める　036

CHAPTER 03
メールのコツ

- 1 件名を工夫する　040
- 2 宛先を明確にする　042
- 3 Bccを有効活用する　044
- 4 箇条書きにする　046
- 5 一歩踏み込んだ内容にする　048

CHAPTER 04
文書作成のコツ

- 1 全体のシナリオを作成する　052
- 2 一貫して同じ言葉・表現を使う　054
- 3 英数字は半角を使用する　056
- 4 中央揃え、フォント合わせだけでも行う　058
- 5 読み手の目の動きを意識する　060
- 6 四角を使い分ける　062

CHAPTER 05
コミュニケーションのコツ

1. 名前を覚える　066
2. 相手のプロフィールに興味を持つ　068
3. オフィスでは真ん中を歩く　070
4. ポジティブワードを使う　072

CHAPTER 06
時間のコツ

1. 優先順位を決める　076
2. 一つの行動に二つ以上の目的を持たせる　078
3. 早朝型を試してみる　080

CHAPTER 07
チームワークのコツ

1. 人には「動いていただく」もの　084
2. 情報は整理してから伝える　086
3. チームの発展ステップ「4つのH」を理解する　088
4. ポジティブフィードバックには理由を添える　090
5. 「あいつ使えない」は敗北宣言と考える　092
6. 愚痴と意見を使い分ける　094
7. 多重人格になる　096

CHAPTER 08

目標達成のコツ

1. 自ら限界を作らない　100
2. ルールを疑う　102
3. 簡単なことから習慣化する　104
4. メモは行動につながるキーワードのみにする　106
5. 課題と懸念事象を分けて考える　108
6. 体調の維持をする　110

01

報連相のコツ

ホウレンソウのコツ

///////////////////////////

Change 1% of Your Working Style

CHAPTER 01 _ NO. 1-6

Change 1% of Your Working Style

自信があるようにふるまう

　組織で仕事をするときに、決して欠かせないのが、**報告、連絡、相談（ホウレンソウ）**です。ホウレンソウのシーンには、仕事がうまくいくちょっとしたコツがたくさんあります。

　例えばホウレンソウをする前に**「すみません、まだ準備不足なのですが」**とか**「うまく言えないのですが」**という言い訳をしてしまうことってありませんか？　実はこれ、**確実に逆効果**です。無意識にこうした枕詞を習慣として使っているなら、今すぐやめるべきでしょう。

　私は以前、こんな実験をしたことがあります。
　Ⓐ「まだ不十分ですが」と、Ⓑ「結構うまく、まとまっていると思います」という言葉を頭につけたメール（内容は同じ）を別々のグループに送ってみるという実験です。結果はものの見事に分かれました。
　前者には寄ってたかって「もっと考えてから持ってこい」とか、「こことここがダメ」といったネガティブなコメントが返ってきました。
　一方、後者には「いいね」「お見事！」「こうするともっといいかも」といったポジティブなコメントが返ってきました（内容は同じにもかかわらずです）。

　これは、人間が持っている、「先入観」によるものです。心理学では**これをプライミング（Priming：呼び水）効果**と言い、「効く」と聞かされて薬を飲んだ場合と、薬と知らないで飲んだ場合の効果の違いに関する実験が有名ですが、ビジネスでも、最初に自信があるという暗示をかければ、相手からはポジティブな反応が返ってきます。あえて自信満々にふるまうことで、相手の反応をポジティブなものにし、自分自身の追い風にする、裏を返せば、**自分からわざわざ逆風を作り出し、無用な労力・時間を生むような愚はあえて冒さない**、ということです。

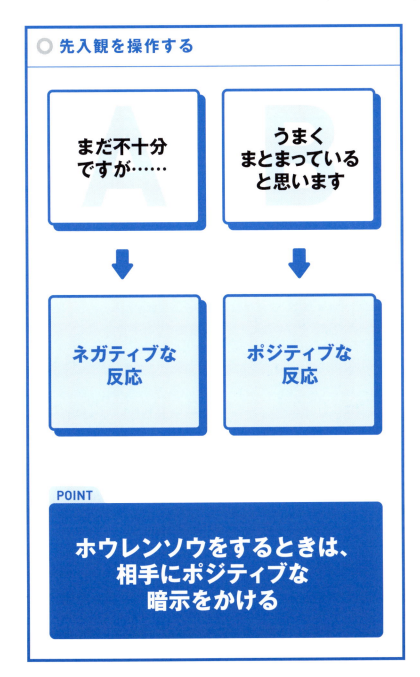

2 聞かれたことに答える

Change 1% of Your Working Style

　ホウレンソウでは、質問が返ってくることもあります。
　例えば、「それで、○○さんにアポイントは取れたの？」という質問を受けたら、あなたはどう答えていますか？
　このとき「○○さん出張らしいんですよ」などと、**理由や背景から返事をしてしまう人が多い**のではないでしょうか。ひどい場合は「○○さん、さっき会ったら忙しそうだったんで、話しかけようにもなかなかタイミングが取れなくて。部下が急に来なくなったらしいんですよ」と、さらに迂回する人もいます。そんなとき、質問者はこう考えています。**「要するに、アポは取れたのか、取れなかったのか、別の日に決まったのか、どうなんだ！　早く教えてくれ！」**

　こうしたケースでは、質問者が一番聞きたいこと、つまり「アポイントが取れたかどうか」を最初に答えた後、必要に応じて周辺情報を話すようにしてください。つまり、**「はい、取れました」「いいえ、取れませんでした」**から答えることです。

　場合によっては、「いいえ、取れませんでした」という回答を受けて、上司が「そうか。じゃあ○○さんへは私から話そう」と別の判断を入れるかもしれません。その判断をしなければならない人にとっては、あなたが提供する**周辺情報は雑音**でしかないのです。

　他にも、「何が言いたいんだ？」「どうして遅れたんだ？」といった詰問調の質問に対して、素直に回答せず「すみません」と返してしまう人も多いものです。これも経験的に言って火に油を注ぐことになりかねません。５Ｗ１Ｈの質問もYes/Noで答える質問も、聞かれたことに最初に答えるのがルールです。

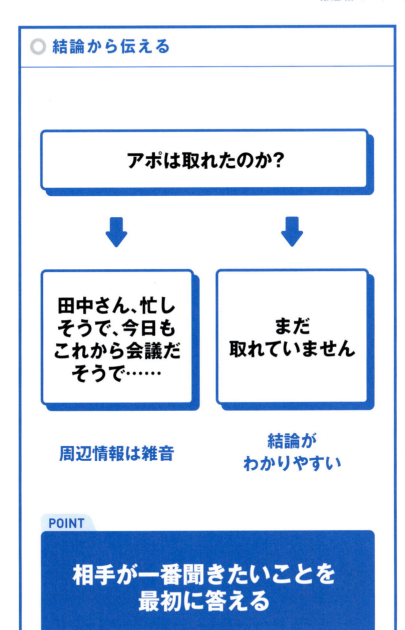

3 「3分ください」を口ぐせにする

Change 1% of Your Working Style

　ホウレンソウをしようと思ったとき、上司は机に向かって執務中。そんなときってたじろぎますよね？　あなたならどう話しかけますか？　多くの人は「今、ちょっと、いいですか？」と言うのではないでしょうか。その際、返ってくるのは**「あ、ごめん、後にして」**とか**「今だめ」**といった言葉です。これではたった数分で解決できるはずの案件も後回しになり、仕事が滞ってしまいます。
　実は、これを避けるためのいい方法があります。それは、

「1分（あるいは3分）ください」

と言うことです。この方法を取ることで、上司は必要な時間がわかりますから、**圧倒的にあなたを受け入れやすい態勢が整います。**
「今話しかけるとあの人は忙しいに違いない」「すぐにまた会議だろうから、今、話しかけると迷惑だろうな」と気を回すのは人情ですが、これもいきすぎると、結果、上司に迷惑がかかります。

　相手を慮（おもんぱか）って、まじめにおうかがいを立てた結果、ホウレンソウがままならない、などということは決してあってはなりません。
　むしろ上司には「自分のたった3分の話を聞くことほど大事な仕事はない」というスタンスで臨むくらいでOKです。もちろんそのためには、ホウレンソウすべき内容を吟味し、どうでもいいことには時間を取らせないという**マナー**が必要です。一度「あいつ、いつもどうでもいいことばかり報告してくる」という印象を持たれたら、上司はあなたに時間を割かなくなるでしょう。
　仕事は信用がすべて。この信用が、職場で大きな差を生むのです。

CHAPTER 01
報連相のコツ

Change 1% of Your Working Style

4 エレベーターブリーフィングを実践する

　先の「1(3)分間のホウレンソウ」ですが、練習にいいものがあります。

　エレベーターブリーフィングです。

　これはスケジュールが取りにくいエグゼクティブに対して、唯一フリーになる移動のタイミングを狙い、エレベーターホールで上司を捕まえ目的階で降りるまでの1(3)分間で、必要な承認を得たり、責任がともなう判断を仰いだりすることをいいます。

　もともとはアメリカ合衆国の大統領が核戦争などの緊急事態になったときに、エレベーターで地下のシェルターに降りるまでの3分間をいかに有効に使うか、という命題にマッキンゼー社が回答したのが語源だそうです。3分間の基本構成はこんな具合になるでしょうか。

・**主旨を伝える**
・**選択肢を伝える**
・**判断のポイントを伝える**
・**結論を伝える**
・**確認とアクションの確認をする**

　その間、相手は「ウン」「ウン」と頷いているだけでいい状況にするのが理想です。

　ホウレンソウは、必要なときに必要なことをしっかりおさえることが何より大事。**丁寧さを気にして、目的を見失ってはいけません。**

　上司のスキマ時間を利用して、自分の仕事を片づけておくことは、回り回って上司のためにもなることです。必要以上の遠慮は不要です。

CHAPTER 01
報連相のコツ

◯ 上司のスキマ時間をねらう

5 「とりあえず」ではなく「まず」と言ってみる

Change 1% of Your Working Style

　私が社会人になりたてのとき先輩から言われ、いまだに印象的で常に心がけているのが**「『とりあえず』ではなく、『まず』と言え」**です。
　ホウレンソウをする中で、私自身はまったく気づいていなかったのですが、「じゃあ、とりあえず、この資料作っときます」と言うのがどうやら私の口癖だったようでした。
　ある日その先輩から、

「お前の仕事は、『とりあえず』のやっつけ仕事か？」

と言われました。生意気な私は「違いますよ。じゃあ、何て言えばいいんですか？」と返しました。先輩は次のように言いました。**「『まず』と言い換えてみろ。そうしたら『次に』という言葉が続くはずだ」**
　なるほど！　それ以降、必ず自分では「とりあえず」と言いたいところを「まず」と言い換えるようにしました。これが自分の言葉になっていくと行動もそれにともなって「まず」「次に」と、常に先のステップを意識するようになりました。
　さらに、そういう目で周りを見ると「とりあえず」と言っている人の仕事は、どことなくやっつけ仕事で、次につながっていないと感じることが多いことにも気づきました。

　他にも、**「取り急ぎ」**や**「適当に」**など、普段何気なく発している言葉にも使い方に気をつけなければならないものは多くあります。日本には**「言霊（ことだま）」**という言葉がありますが、言葉は相手に与える印象だけでなく、自分の行動にも影響を及ぼします。
　ホウレンソウの中の言葉を、あなたも一度見直してみませんか？

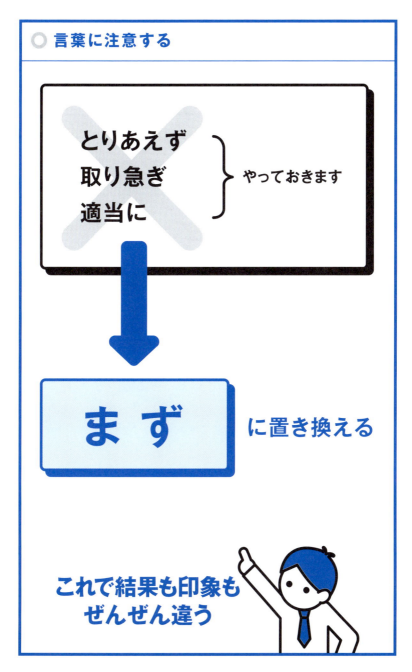

Change 1% of Your Working Style

6 優先順位は、対面 → 電話 → メール

ホウレンソウはメールでというのが一般化しているような気がします。今やメールがなかった頃はどうやって仕事をしていたのだろう？ とすら思ってしまいますよね。

しかし、便利さゆえに、無意識に何でもメールですませようとしていませんか？ 私はメールでホウレンソウをする前に、必ず、**「対面」「電話」**の順番で、他の手段を取れないか考えるようにしています。

伝えられる情報量と、レスポンスの速さから考えると、最短でホウレンソウできる優先順位がこの順であるためです。

例えば次のアクションを相談する場合も、そのためのアポ取りをメールでするとそれだけで1日かかることがあります。しかし「対面」「電話」が可能であれば、その場で返事をもらえるため、作業スピードが格段に上がります。

ビジネス上の電話の場合は1コールにつき1用件が原則ですが、対面だと「あ、そういえば」といった感じで本題以外の情報交換もしやすく、言葉以外のメッセージにより、相手の精神状態や体調も含むもろもろの情報が入手できます。さらには、「わざわざ自分の所まで足を運んでくれた」という**信頼につながる副次効果も見逃せません**。

相手に会いに行くための移動距離にもよりますが、一般的に、**かかる時間も、メールよりも対面、電話のほうが短くてすむ場合が多い**ものです。メールはタイピングする時間が想像以上に長いのです。

ホウレンソウでは、投入する時間対効果の意味でも、メールは最終手段です。相手が同じフロアであればなおさら、必ず足を運び、対面でのホウレンソウを心がけるようにしてください。

CHAPTER 01
報連相のコツ

02

会議のコツ

カイギのコツ

Change 1% of Your Working Style

CHAPTER 02 _ NO. 1-6

Change 1% of Your Working Style

会議はすべて8分の1にする

　日本のホワイトカラー（知識労働者）の生産性が低いと言われる原因に、**会議の長さ**があります。特に**社内会議**はその長さが気になります。
　日本人の働き方を見た外国人は、ふたこと目には「Long, long meeting」、「Lots of meetings」と言います。
　そこでわれわれが会議を招集するとき、常に心がけているのが1/8の法則です。

　会議の構成要素を「所要時間」「参加者数」「開催頻度」に分解します。それぞれを半分にできれば、1/2×1/2×1/2で、組織が投入する総時間は1/8になるということです。

　例えば、20人が参加する2時間の会議が、月に2度行われるとします。

20人 × 2時間 × 2回 ＝ 80時間

これらを全部1/2にすると、

10人 × 1時間 × 1回 ＝ 10時間

　となり、なんと70時間の削減です。この時間を別の仕事にあてられれば、組織にとって大きな価値を生むと思いませんか？
　あなたが会議のリーダーになるときは、習慣化した会議のすべてでこれを試してみてください。たいていの場合、1/8になっても組織運営には支障をきたしませんし、かつ、あなたがそうした会議を仕切ることで、その手腕は大きな話題となるでしょう。

CHAPTER 02
会議のコツ

○ 会議は「8分の1」にすることを心がける

20人が参加する、月2回、2時間の会議を全部半分にすると?

20人 → 1/2 → 10人

2時間 → 1/2 → 1時間

2回 → 1/2 → 1回

80時間 → 1/8 → 10時間

70時間も削減!

Change 1% of Your Working Style

2 会議の趣旨を明確にする

　会議が終わった後に、「今の会議、意見の出し合いで終わったよね」「いいんだよ、今回は発散すれば」といった会話を耳にすることがあります。
　これは**ブレスト（Brainstorming）**と**エバリュエーション（評定 Evaluation）**の違いを参加者が理解（あるいは共有）していないことに原因があります。
　会議には、どんどんアイデアを出す**「ブレスト」**と、出てきたアイデアを元に整理し最終決定まで持っていく**「エバリュエーション」**の二段階が存在します。
　ブレストでは「相手のアイデアを否定せずアイデアを出す」ことがルールです。参加者のうちにたった一人でもこのルールを知らない人がいると、せっかくいいアイデアが出ても、その芽が一瞬で摘まれてしまいます。
　つまり**会議においては、その日の趣旨が「ブレスト」なのか「エバリュエーション」なのかを、事前にはっきりさせておくことが重要**だということです。
　出てきたアイデアをマインドマップやフレームワークで整理し、結論まで導くのが「エバリュエーション」です。このときには活発に批評や議論をし合って、結論にこぎつけます。
　このように「ブレスト」と「エバリュエーション」では、なすべきことも、参加する人の姿勢も大きく変わるということです。
　こうした趣旨の共有なくして、会議を行うことはできません。
　あなたが会議のリーダーであるならば、「今日の会議はブレストを主体に」とか、「前半はブレストをやり、後半はエバリュエーションを行います」など、参加者全員に共通認識を植えつけます。
　そうすることで、ファシリテーターとしてのあなたの価値が発揮され、よりスムーズに会議は進行されるでしょう。

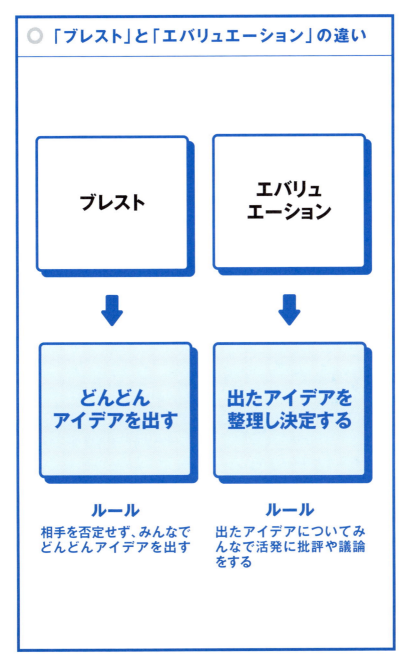

3 シナリオを考え時間を区切る

Change 1% of Your Working Style

会議で目的を達成するには、事前にある程度、当日の**進行計画**を立てる必要があります。

会議には、議題が複数あったり、導入やまとめの時間が必要など、それぞれにシナリオが必要です。

このシナリオが決まったら、必要となる時間を分単位で割り振り、全員で確認することで、参加者共通の目安ができ、脱線を避けられます。

時間の割り振りは、議題の内容と、それに対する参加者の反応を思い描き、目的・ゴールが達成できるまでの想定時間を割り出します。

次に、**「緊急度」**の観点から順番を決めていきます。**「重要度」**で順番を決めてしまうと、議論が盛り上がりすぎて時間切れになり、期限の迫っている緊急の議題の検討ができないといったリスクがあるので注意です。

会議時間は2時間であっても、2時間以内で各議題に分配し、「その他：10分」など、猶予の時間も設けてください。予定通り進行し、10分を残して終了したら、あえて2時間の**枠ギリギリまで使うことなく、会議を終了させてください。**

会議は短ければ短いほどいいのです。

「せっかくいただいた30分」であっても、目的が達成できたら（もしくは、目的が達成できないことが判明したら）その瞬間に会議を切り上げるようにしてください。ちなみに2時間以上の会議の場合は、必ず休憩時間を設けるのがおすすめです。効率を上げるためにもリフレッシュは必要です。

こうした**タイムマネジメントも、会議をまかされたあなたの裁量**によるものなのです。

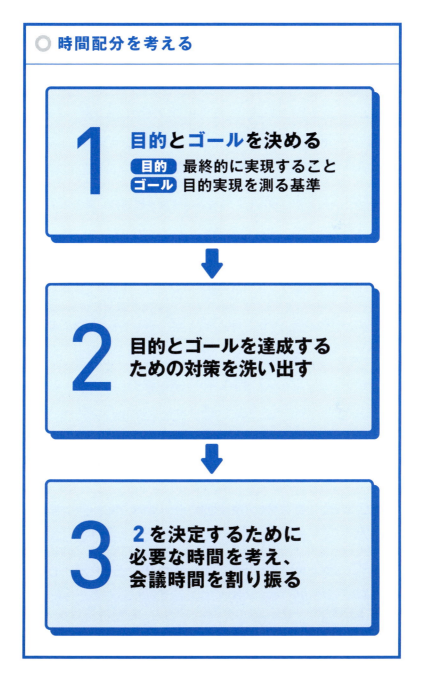

4 席順に配慮する
Change 1% of Your Working Style

想像してください。
あなたは会議室に入りました。まず何をしますか？

会議室に入ったら、第一に、自分が座る席を戦略的に考えるようにしてください。

つまり、「自分の目的を最も達成しやすい席」を選ぶのです。このとき優先順位を下げるべきは、日本古来のいわゆる**「上座・下座」の概念**です。この考え方は日本人以外、まったく気に留めていませんし、応接室での挨拶や宴席での接待とは違って、会議室での会議は**実用優先**であるべきです。

まず、確認するべきは**ホワイトボードの位置**でしょう。自分が主導権を握りたいなら、必ずその近くに着席します。
他の参加者との位置関係も重要です。
特に目の前に誰が座るかは大事です。面と向かって座ると、相手と深くコミュニケーションできる反面、ここは**「対決位置」**とも言われ、相手が反対意見を持つ場合、より反対を受けやすい位置になります。
逆に、隣り合わせの席は**「交流位置」**と呼ばれ、営業シーンなどではこの位置が使われます。特に相手の1.5m以内は、**「懐」**と呼ばれ、刀が振り回せない至近距離です。心理的にも親近感や味方の意識が働くため、攻撃の対象になりにくいと言われています。

会議室に入ったら最初にこれを判断できると、並みいる参加メンバーの中で、先手を打つことができるのです。

CHAPTER 02
会議のコツ

○ 会議は座る位置が大事

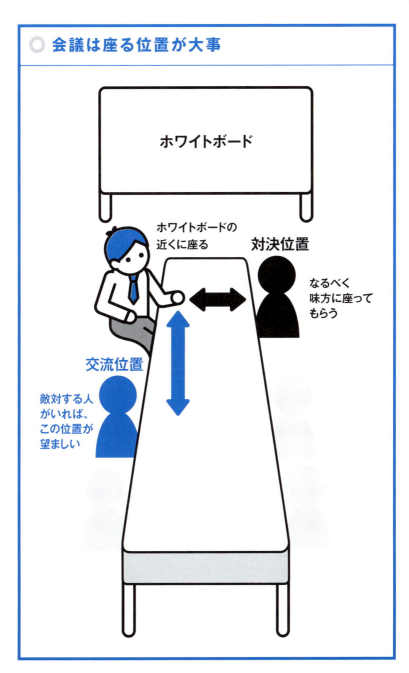

5 ホワイトボードを使う
Change 1% of Your Working Style

　以前、「優秀な人の特徴」を複数のベテラン社員にヒアリングしたことがあるのですが、いろいろ意見が出てくる中で、不思議と一致したのが、**「優秀なヤツは、若手中堅ベテランに限らず、議論の最中に立ち上がってホワイトボードに書きはじめる」**というものでした。

　なるほど！　と思ったので、それ以降、常にその視点で人を観察しているのですが、この法則は、ほぼ100％あてはまります。

　この「優秀な人たち」がホワイトボードを使ってやろうとしているのは、言葉だけが行き来して、なかなか議論が前に進まない**「空中戦」を避ける**ことです。彼らはホワイトボードで論点を整理し「つまり、こういうことですか？」と、会議参加者の認識を揃えているのです。

　会議では参加者全員が同じボードを見て確認することで、空中戦が続くのを避けられます。

　言葉だけで意見を交わしていると、間違った理解をしているのに合意したかのような雰囲気で終わってしまったり、意思疎通が十分でないため相手の提案の確認に時間を費やすなど、時間・労力のムダが発生します。

　認識が揃えば、会議は次のステップに移ることができます。
「優秀な人」とそれ以外の人の違いは、こうした**ちょっとしたアクション**を取れるかどうかの違いだけです。
　次回の会議でぜひトライしてください。

CHAPTER 02
会議のコツ

○ ホワイトボードを支配する

ホワイトボードを使える人が
会議を支配し、
優秀な印象を与える

Change 1% of Your Working Style

6 会議後のアクションは その場で決める

　言うまでもなく会議は開催に意味があるのではなく、その後に取られる行動に意義があります。
　会議後何をすればいいかの認識が参加者ごとにばらばらだったり、会議に出席したことさえ忘れた頃に対策が話し合われたり……。これではかけた時間が意味のないものになってしまいます。

　こうしたやりっぱなしを防ぐためにも、会議後のアクションはその場で確認することが大切です。

　顧客や上司との会議、参加者が多い会議などでは、意外にこの確認が難しいものですが、議題についての討論が一段落したら**「それで、アクションはどうしましょう？」**と発言しましょう。私は、この一言を発する人がいたら**「あ、この人デキる人だな」**と思います。
　このときアクションには必ず個人名で責任者を決め、「いつまでに」「何を」するかを決めます。
　何をすべきかが決まったのに、それをやるのが誰で、いつまでに行われるべきかが決まっていないとしたら、これもやりっぱなしにつながります。
　アクションはできるだけ具体的に確認します。
「担当：○○部、期限：10月中旬」では、幅がありすぎます。
「担当：○○部Aさん、期限：10月14日正午」というところまで固めるのです。

　最後に全員の了解が取れれば、会議の後、無用な個別確認ははじまりませんし、話し合いの成果は確実にアクションにつながります。
　これがいわゆる**デキる人**のやり方です。

CHAPTER 02
会議のコツ

○ 会議のやりっぱなしを防ぐ

アクションを決める

● いつまでに　● 何をするか

誰がするかを決める

誰　営業部
いつ　10月中旬まで

○　誰　営業部の田中さん
　　いつ　10月14日12:00まで

03

メールのコツ

メールのコツ

////////////////////////

Change 1% of Your Working Style
CHAPTER 03 _ NO. 1-5

1 件名を工夫する

Change 1% of Your Working Style

　オフィスでは当たり前のツールになったメールですが、使い方はまだ発展途上にあります。ここではメールのコツについて考えてみたいと思います。

　立場や職種、状況によりますが、仕事のメールだけでも**1日に数百通**という量を見る人が増えています。経験的には、中堅であれば、100通を超えると1日の大半がメール対応に費やされます。
　現代の職場では、**いかにメールをうまく利用できるかが、仕事のパフォーマンスを左右する**と言っても過言ではないのです。
　メールは多くの場合、メールボックスを開くと着信日時順に件名と発信者が表示される形で一覧化されますが、こうした中、大量受信者にメールをするなら、**タイトルだけで内容が判別できる形で送信できる**と、優先度が上がります。例えば、

　×「〇〇会議について」
　〇「資料請求：〇〇会議」

　もうおわかりですね。避けたいのは、「〜について」といった件名です。これでは会議の議題連絡なのか、議事録送付なのか、資料請求なのか、会議がキャンセルになったのか、受信者はメールを開けるまでわかりません。
　件名には長くなりすぎない範囲で具体的なワードを加えるだけで、返信速度が上がります。
　【要ご対応】【緊急】といった目立つ表記にして注目させるのも手です。
　逆に**【業務外】**という形で優先度の低いことを明記すると、忙しい受信者からも「デキる」と感心されるでしょう。

CHAPTER 03
メールのコツ

○ メールは件名のつけ方で返信速度が変わる

✕
「○○会議について」
「お世話になります」
「田中です」

○
「資料請求（○○会議）」
「会議キャンセルのお知らせ」
「【要ご対応】資料作成」
「【緊急】資料作成」

2 宛先を明確にする

Change 1% of Your Working Style

　メールを受信すると、1行目から文章がはじまっているものがあります。これが一対一のメールであれば自分宛だとわかるのですが、**宛先やCcに複数のアドレスが入っている場合、誰宛なのかが判別しにくい**場合があります。

　「そんなもの、宛先欄に入っているアドレス全員宛に決まっている」という主張もあるかもしれませんが、**Ccメールの本文の頭には必ず「○○さん」と固有名詞を入れる**ようにしてください。こうすることで受け取った人が確実に自分が取るべきアクションをそのメールから汲み取ります。

　例えば**作業をお願いするような依頼メールがCcで来た場合**、人は自分の見たいものしか見ませんから、自分への作業依頼ではないと認識してしまいます。**全員が「他の誰か宛」だと思ってしまうと、その依頼には誰も対応してくれません。**

　急いでいるとつい「みなさん」とか「宛先各位」としてしまいますが、宛先が数名程度であれば、極力固有名詞を含めたメールをするといいでしょう。

　その際**役職で呼びかけるより、「さん」づけが便利**です。
　○○本部長や××課長などの肩書きをつける習慣の組織もありますが、人事異動が発生するたびに確認する手間が発生しますし、ここで間違うと、降格や逆転人事が増えている昨今、コミュニケーションの阻害要因にもなってしまいます。

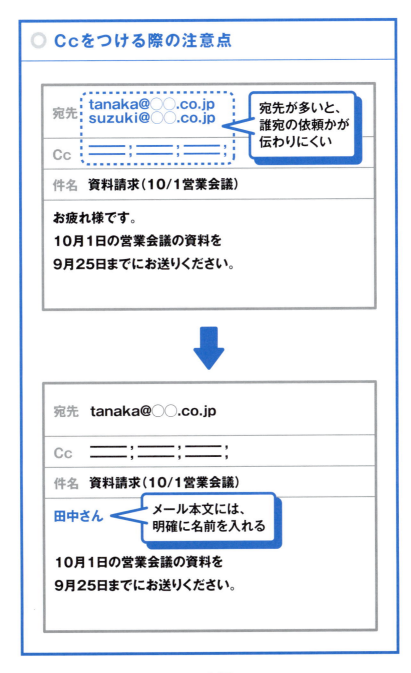

3 Change 1% of Your Working Style
Bccを有効活用する

どのメールソフトにも参考で送信する **Cc**（Carbon Copy）と、それが相手に見えない **Bcc**（Blind Carbon Copy）の機能があります。みなさんはBccをうまく使いこなしているでしょうか？

Bccの使い方としては、宛先の人に知られたくないけれど、内容を知っておいてほしい人をBccに入れて送信する場合（受信者同士が知り合いではない場合も、こうした配慮が必要です）と、宛先多数の場合、対象すべてをBccに入れて送信する場合の2パターンがあると思います。

以下ではこれに加えた、Bccの使用のコツをご紹介します。

①善意・悪意の Reply All の回避

Reply Allで返信し合ってしまうと、本来受信しなくていいメールを受信させられる人が増えますが、Bccだとこれを回避できます。

②宛先が示す意図の隠蔽

これは私がたまに使うテクニックとして紹介したいのですが、督促や注意喚起など、言いにくいことを「宛先多数につきBccにて失礼します」と書きながら、実はその人だけに「Bcc」で送付する、という手法です。カドを立てずにものが言えます。

③宛先欄がダラダラと長く表示されることの回避

相手のメールソフトの機能にもよりますが、これも意外な盲点です。

メールでは、あなたのマナーも見られていることを意識して、賢く使うようにしてください。

CHAPTER 03 メールのコツ

○ Bccの効用

Bcbとは？

| 宛先 |
| Cc / **Bcc** ← コレのこと（**B**lind **C**arbon **C**opy） |
| 件名 |

Bccの利点

- 相手が受け取る不要なメール受信を減らせる
- カドを立てずに用件を伝えられる
- 宛先欄をスッキリさせられる

箇条書きにする

　自分が書いたメールを相手に読んでもらいやすくするテクニックの一つに**箇条書き**があります。コツは大きく２点です。

①それぞれのレベル感を一致させる
②羅列しすぎない（マジカルナンバー７）

①については、特に解説は必要ないと思います。
文体の一致：体言止めなら体言止めですべての項目を統一する。
要素の一致：同じ要素のものを列挙する。
といったことです。

　②の**「マジカルナンバー７」**とは人間が一度に認識できる、または記憶しうる要素は７つまでで、それを超えると一気に認識率・記憶率が低下する、というものです。心理学の世界で「マジカルナンバー７±２」という論文が発表されたこともありますが、**箇条書きは多くても７項目以下に抑えましょう。**
　８つ以上の要素を挙げる必要があるときは、**カテゴライズ**を工夫します。全体を２つ、３つに分けるための親要素を決め、その下に８つ以上になった子要素を分配する形で構造化するのです。

　日本語でも７は、「七福神」「なくて七癖」「親の七光り」など、「かぞえられる程度の」という意味があります。一方８は、「嘘八百」「八百万（やおよろず）」「旗本八万騎」のように「たくさん」を意味する言葉に変わります。
　日本のプロ野球がセントラルとパシフィックの２リーグでカテゴリー分けされたのも８球団に至ったときでした。

CHAPTER 03 メールのコツ

○ 箇条書きのコツ

レベル感を統一する

- 文体(です、ます/である など)の統一
- 要素の統一

多くしすぎない

- 箇条書きは7コを限度にする
  (それ以上つくると逆効果)

5 一歩踏み込んだ内容にする
Change 1% of Your Working Style

　メールに対する相手からの反応で困るのが、**何度もメールを往復でやり取りしないと次のステップに進めない**場合です。
　例えば会議のスケジュールを確定する、次のようなケースです。

A：「○○のテーマで来週お時間いただけますか？」
B：「はい、結構です」
A：「では、いつ頃がよろしいでしょうか」
B：「来週の前半でお願いします」
A：「**では、火曜日の10時00分〜10時30分はいかがでしょう？**」
B：「**あいにく、そこだけは予定が入っています**」
　　（以降省略　すでに3往復6通のメール）

　対面での会話ならいいのですが、これを1通ずつメールでやり取りしているうちに、別の予定が入ってしまいそうですね。
　これは本来であれば、Aさんの最初の発信で一歩踏み込んで、スケジュールの幅や複数の選択肢を示すことで1往復のやり取りですむ内容です。

A：「○○のテーマで来週お時間いただけますか？　よろしければ、火曜日の10時00分〜15時00分の間で30分間、ご都合つくタイミングをお知らせください」
B：「はい、承知しました。では、14時30分〜15時00分で、2Fの応接にお越しください」

　この例では、返信するBさんも一歩踏み込んで、場所を決めて連絡しています。効率よく仕事を進めるためには、やり取りを最小限に収める工夫をする必要があるのです。

CHAPTER 03 メールのコツ

○ メールの往復を避ける

 来週お時間いただけませんか？
 承知しました
 いつがよろしいですか？
 来週なら前半がいいです
 月曜日の10時はいかがですか？
 あいにくそこだけは入っています

 来週お時間いただけませんか？
月曜日（10時〜）、火曜日（15時〜）、
金曜日（16時〜）の
ご都合はいかがでしょうか？

 承知しました。
火曜日15時〜、2F会議室でお願いします

お互いの工夫次第でメールは減らせる

04

文書作成のコツ

ブンショサクセイのコツ

Change 1% of Your Working Style
CHAPTER 04 _ NO. 1-6

1 全体のシナリオを作成する
Change 1% of Your Working Style

　資料など文書を作ることが決まったら、すぐパソコンに向かう方が多いと思います。**しかしこれは得策とは言えません。**
　周りと差をつけたいなら、いきなり資料を作りはじめるのではなく、まずは「流れ」の整理からはじめてください。具体的には**シナリオを作ってから（構成を考えてから）、文書にする**ということです。

　シナリオはピラミッド構造になるはずです。
　メインで伝えたいメッセージがあり、それを支えるサブメッセージがある。それがさらに細かいパートに分けられるのではないでしょうか。
　実際の作業では、これらのメッセージをワンメッセージごと、スライドに落とし込んでいくイメージです。
　ちなみに、パワーポイントにも構造化の機能があります。**「アウトライン表示」**の機能がそれで、一言で言うと箇条書きでレベルを掘り下げ階層化することで、ピラミッド構造を作るという機能です。
　全体像を把握した上で資料作成をすると、次の2つの効果があります。

①先に着手すべき部分が見える
　作業に時間がかかりそうなパートが事前にわかるので、その部分から着手することができる。

②作業分担ができる
　複数のメンバーで作業をするとき、資料が構造化されていれば、作成を分担することができる。

　論理的、かつ合理的に資料を作るには、いきなり手を動かすのではなく、まずは「構造化」することが先なのです。

CHAPTER 04
文書作成のコツ

○ まず構成を考える

論理構造を組み立てる

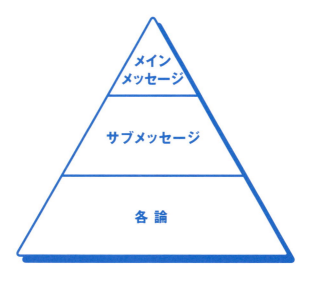

- **構 成** ピラミッド構造にする
- **鉄 則** パワーポイントを使うなら「ワンスライドワンメッセージ」に
- **注意点** シンプルに。「KISS(Keep It Short & Simple)」を心がける

Change 1% of Your Working Style

2 一貫して同じ言葉・表現を使う

　資料は通常複数ページにまたがるものです。
　このとき注意しなければならないことは**「一貫性」**です。
　例えば、文書の冒頭では**「平成●●年」**と和暦表記していたにもかかわらず、途中で**「一九●●年」**と西暦表記を混ぜたり、同意を示すにもかかわらず、2パターンの表記を使う（例えば「店舗」と「ショップ」など）ことは、読み手の混乱を招くことから、積極的に避けるべきです。
　使用する言葉に一貫性がないと、「何か意図があるのか？」と読み手をムダに混乱させたり、表記が整っていないことで素人くさい印象を与えてしまうリスクもあります。
　さらに悪いことには、読み手に間違った解釈をさせてしまうこともありえます。
　例えば**「年／月／日」**表記と、**「日／月／年」**が同じ資料の中に混在したり、**ドル表記と円表記**が混在していると、読み手のミスを招きます。

　これを防ぐには、資料作成の時点で常に配慮することはもちろんのこと、仕上げの段階で全体を通してチェックすることです。
　「同じことを意味するわけだし、間違いじゃないんだから」と放置してはいけません。
　「神は細部に宿る」と言いますが、こうした**細やかな部分にこそ、最大の配慮をすべき**です。それが文書の完成度を高め、ひいてはあなたの評価にもつながります。
　ちなみにチェックのコツとしては、複数の項目を一度でチェックするのではなく、「通貨表記」なら「通貨表記」だけを一気に最後までチェックし、終わったら次の項目をまた頭からチェックする、という方法が取れると、スピード・正確性の面で効率よく仕事ができます。

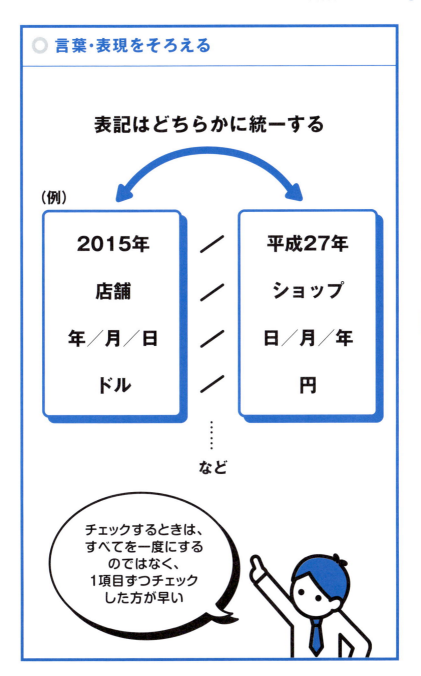

Change 1% of Your Working Style

3 英数字は半角を使用する

　一貫性とも関係しますが、加えて強調したいのが英数字の入力法です。
　ここでは横書きの資料を前提としますが、**英数字は必ず半角**で入力してください。この統一をするだけで、資料はぐっと洗練されます。
　さまざま見ていて最もみっともないと感じるのが、半角と全角の表記が混在している資料です（ある箇所ではＪＡＰＡＮと表記しているのに、ある箇所ではJAPANと表記するなど）。これがあると一気に素人感が倍増します。
　全角英数字は、縦書きのみで使用すべきです（中にはシステム上、全角しか認識しないウェブサイトなどもありますが、ここでは資料作成に限って考えます）。なぜ私が半角英数字への統一にこだわるのか、それには３つの理由があります。以下を参考にしてください。

①グローバル標準で全角はありえない
　最近は海外のプリンターでも全角文字の印刷ができますが、未だに全角使用は文字化けの原因になることがあります。

②全角英数は見た目がスマートでない
　半角のほうがシャープな印象が出るため文書全体が締まって見えます。

③基準を統一できない
　共同作業で全角、半角使用の使い分けをする場合、ルールを決める必要がありますが、ルール決めに時間がかかってはあまり賢明とは言えません。バラバラの表記を修正する場合も、一括変換の機能を使うとはいえ、０から９までの全角を半角に変更するだけの単純作業は、かなり虚しい作業です。

※ただし本書については書籍の統一基準で作成しています（編集部）

CHAPTER 04 文書作成のコツ

○ 文書は表記をそろえ、使う英数字は半角

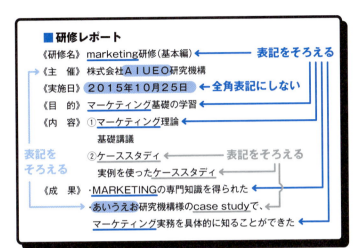

表記をそろえ、英数字は半角に

■ 研修レポート

《研修名》 マーケティング研修（基本編）
《主　催》 株式会社AIUEO研究機構
《実施日》 2015年10月25日
《目　的》 マーケティング基礎の学習
《内　容》 ①マーケティング理論
　　　　　　　基礎講議
　　　　　　②ケーススタディ
　　　　　　　実例を使ったケーススタディ
《成　果》・マーケティングの専門知識を得られた
　　　　　・AIUEO研究機構様のケーススタディで、
　　　　　　マーケティング実務を具体的に知ることができた

Change 1% of Your Working Style

中央揃え、フォント合わせだけでも行う

　一定レベルを超えた資料の「美しさ」は、「センスの世界」ですが、そこに至るまでの間には誰でも簡単にできる「基本」があります。特にパワーポイントはスペースを自由に使える点で表現の幅が広がりますが、文字揃えがバラバラ、ページごとに異なるフォントの使用、全体としてのバランスの悪さは、内容の如何にかかわらず、見る人を不安にさせます。これを整えるのは、センスの問題ではなく、「基本」です。「資料は見た目ではなく中身だ」という声が聞こえてきそうですが、**「同じ中身なら少しでも見やすいものを作るべき」**というのもまた真実です。

　特に左右対称であることは**シンメトリー効果**といって、「**美しさ**」や「**安定感**」「**誠実さ**」や「**本物感**」を与えると言われます。これが整った資料は、読みやすいだけでなく、信頼度も（同時にあなたの信頼度も）高めます。

　ちなみにパワーポイントで文書を作成するとき、作成スペースを目いっぱい使って作った資料をよく見かけますが、これは見る人に圧迫感を与え、読む気を失せさせてしまいます。

　文字や図などは量や大きさにかかわらず、スペースは３割程度、空白に使うようにしてください。きっちり30％ということではなく、感覚で結構です。少し多めに空白をとることで、読み手の印象は違ってきます。

　例えば、書籍なども大半がそのような構成になっています。
　どんなにすばらしいことが書かれた資料でも、読んでもらえなければ意味がありません。読む気の起きない資料を作っていてもまったく意味がないことは、もうおわかりですよね。

CHAPTER 04 文書作成のコツ

デザインをそろえる

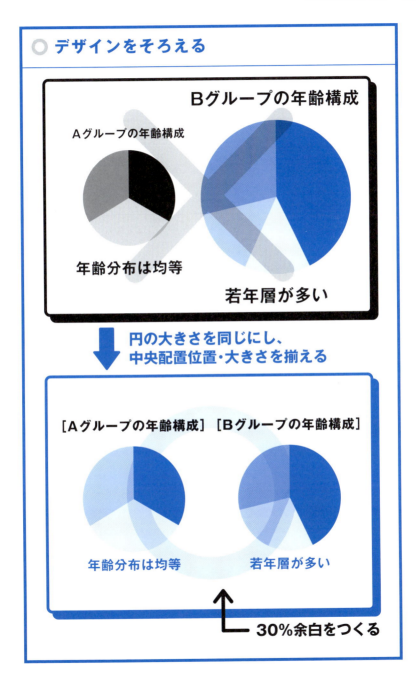

Change 1% of Your Working Style

5 読み手の目の動きを意識する

　日本人のほとんど（おそらく中東をのぞくほとんどの地球人も）が、横書きの資料を見るとき、**上から下**へ、**左から右**へ視線を動かします。したがって文書を作成するときは、この動きに沿って資料を作成すべきです。

　文書ではよく使う箇条書きも、重要な順に上から下、左から右にならべるのが原則です。「重要なものは『オチ』として使いたいから最後に配置したい」「自分は好きなものは最後に食べる派だ」という方もいるかもしれませんが、**ビジネスは時間との戦い**です。途中で読み手が時間切れになる場合や横槍が入るリスクを想定し、優先度の高いものはできるだけ上、ないしは左に寄せるようにしてください。

　もちろん、あえて**「そうする理由」**がある場合は、逆に配置したりすることもありますが、通常は上から下、左から右が「鉄則」です。

　ページごと「上から下、左から右」の原則にしたがったとしても、数ページに及ぶ資料を作るとき、あるページでは左から右、あるページでは上から下に配置するなど、**ページごとにルールが変わると問題**です。ページ内のみならず、複数ページにわたる資料を作成するときは、**全体感**にも気をつけましょう。

　また、図の作成では、**軸をそろえる**ことも必須です。あるページでは横軸が時系列だったのに、あるページでは縦軸が時系列だったなどということがないよう、注意してください。

　資料全体として作り方に**一貫性**がないと、読み手の**混乱を招く**上、あなたの技量も疑われます。

　「あえてそうする理由」がない限り、基本ルールにのっとること。これを肝に銘じてください。

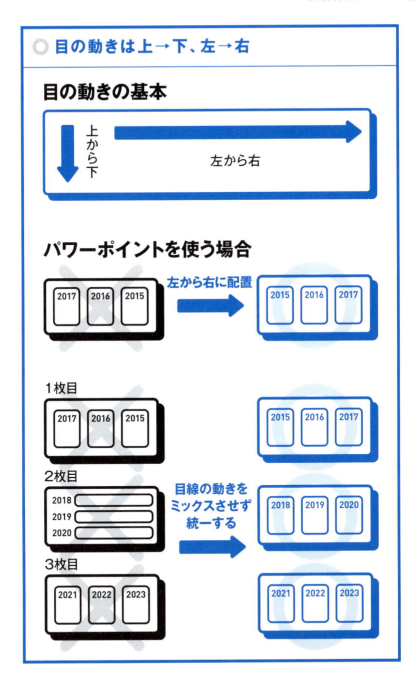

6 四角を使い分ける
Change 1% of Your Working Style

図を作る際に使えるコツがあります。

それは、**カド丸（四角形ですがカドの丸くなっているオブジェクト）と、通常の四角の使い分け**です。

カド丸：漠とした内容、未確定な要素が多い内容を表示するのに適する
四　角：確定事項や明確な主張のある内容を表示するのに適する

右図を参照してください。

これだけでも印象がまったく異なるはずです。

内容に応じ、こうした図がかもし出す、細かい効果にも配慮して的確に使い分けることで、信頼度の高い資料にすることが可能です。

また図に色を使うときは、ちょっとした工夫で大きな効果が得られます。

①寒色と暖色を使い分ける

暖色は見た人の気持ちがアグレッシブになることから、活発な議論を促したい会議の資料には「暖色」を、冷静に進めたい案件の資料には「寒色」を使います。

②同系色で薄めの色を使う

色の多用は読み手をいらいらさせ、資料の理解を妨げます。

色を多く使いたいときは、同系色のグラデーションがおすすめです。

③強調したいときだけ別の色を使う

強調したいところには反対色を使えば、明確にその部分が強調されます。

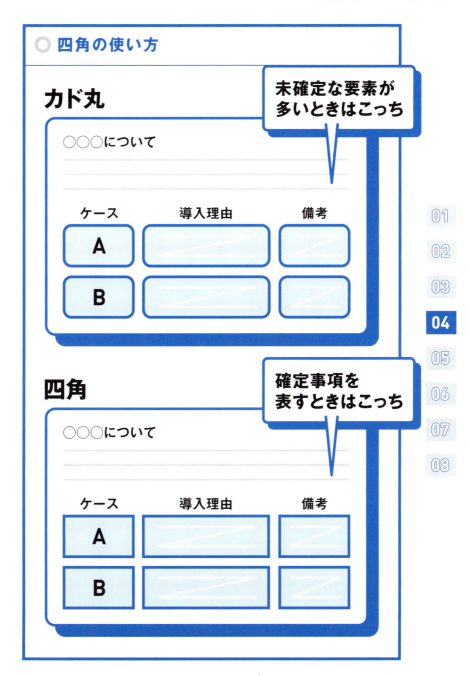

05

コミュニケーションのコツ

コミュニケーションのコツ

Change 1% of Your Working Style
CHAPTER 05 _ NO. 1-4

Change 1% of Your Working Style

名前を覚える

　英語圏の人たちは、挨拶の際に必ず相手の名前を呼びます。**「ハイ、ジョン」「グッドモーニング、クリス」**と。場合によっては相手の名前だけで挨拶代わりにします。海外の映画やドラマでよく目にするシーンでもありますね。

　実際に名前を呼ばれてみるとわかるのですが、単なる「ハイ」「グッドモーニング」だけの挨拶と比べるとグッと親近感がわくのを感じます。

　日本語の習慣では、挨拶のときに名前を呼んでしまうと、何か特別な用事があるのかと思われてしまうのであまりおすすめしませんが、例えば初対面で名刺交換をした後に「**○○さん**はいかがですか？」とか「今**○○さん**がおっしゃったように」と意図的に相手の名前を呼ぶようにしてみると、間違いなく心理的な距離が近づきます。

　実は私は名前を覚えるのがとても苦手なのですが、**名前を呼ぶことによる絶大的な効果**を知っているため、日々、人知れず訓練を続けています。

　とはいえ、これは名簿を作って必死に暗記する、というものではなく、以前会ったことがある人とすれ違ったり、遠くで見かけたりしたら、会話のあるなしにかかわらず、必ず**「○○さん」と具体的に名前を思い浮かべる**ことを習慣にしているくらいのことです。

　でもたったこれだけのことを毎日続けるだけで、名前が記憶に定着しますし、同時にその人にまつわる周辺記憶もよみがえります。

　その人と会議をしたときのテーマやプロジェクト、当時学んだことなどが、記憶の前のほうに出ていると、すれ違ったときにちょっとした会話のネタになったり、すぐに使える引き出しの一つになったりします。

　オフィスですれ違うということは、近々一緒に仕事をするシグナルかもしれません。そのときトップスピードでコミュニケーションが開始できるよう、毎日の訓練をしてみませんか？

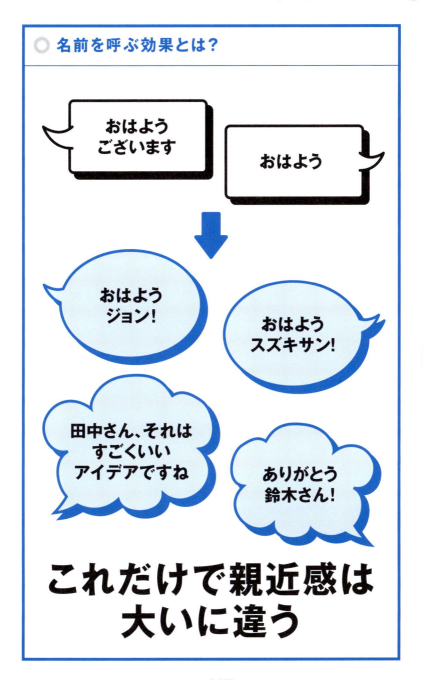

Change 1% of Your Working Style

2 相手のプロフィールに興味を持つ

　相手の名前を覚えるだけでなく、**プロフィールについても情報を持つ**ようにすると、コミュニケーションはよりスムーズになります。これは、「できればそうしたほうがいい」というものではなく、「必ずそうするべき」というものです。

　例えば、**出身地**や**趣味**については常に覚えるようにしてください。そうすれば新聞やテレビでそれに関する情報が出たとき、普段気にしていない話題にも興味が持て、その人への興味の幅が広がったり、「あの人に声をかけてみよう」という**コミュニケーションのきっかけ**にもつながります。

　そういえば、大のジャイアンツファンの人に「今年のジャイアンツ強いですね」と話しかけたことをきっかけに、「実は最近こんなことで困っていて」「こんな仕事を一緒にやりませんか」という話に発展した経験もあります。

　ちなみに先ほど「必ずそうするべき」と言ったのには、**その人の地雷（例えば天敵や宗教や国籍に関する情報など）を避けられる**といった理由もあります。

　ただし、こうしたプロフィール情報は必死に探して記憶せよ、というものではありません。ちょっとした会話の中から相手のプロフィール情報を得たら、常に頭の引き出しにしまうことを意識するくらいで十分です。

　ちなみに私は以前から、**仲間やその家族の誕生日を覚える**のは得意でした。その日が近づくと相手のことを思い出しメールをするのです。たまに1日から数日外れるのですが、それでもとても喜んでもらえますし、会話のきっかけになったものでした。

　残念なことにこの特技はFacebookの登場で陳腐化してしまいましたが、はじめはこんなことからでも十分なのです。

CHAPTER 05
コミュニケーションのコツ

○ 相手に興味をもつ

相手のプロフィールを知った上で
コミュニケーションを図ると
相手に関心を示すことができ
距離が縮まる

Change 1% of Your Working Style
3 オフィスでは真ん中を歩く

　コミュニケーションの機会は多ければ多いほど、物事が前に進んだり、新しい発想が生み出されたりする可能性が高まります。

　ちょっとした発想の転換で、特に労力を必要とせずにコミュニケーションの機会を増やすことができるオススメの方法があります。それは、**「オフィスでは真ん中を歩く」**ことです。

　朝、出勤するときに**エレベーターホールから自席に向かうまでのコース取り**を思い浮かべてください。フロアに入り、ロッカーにコートや上着をかけ、壁沿いを歩いて自席に向かってはいませんか？　その間に、あなたと目が合う人の数はどれくらいでしょうか？　せいぜい自席の周りの人、3〜4人ですね。
　では、少しコースを変えて、フロアの真ん中や部署の島と島の間をあえて通った場合はいかがでしょう？　それだけで、目が合う人は10人、20人に一気に増えるのではないでしょうか。
　目が合った人と「おはようございます」と挨拶するだけでなく、この数十秒を「そういえば、お願いさせていただいた先日の件、どうなりましたか？」とか「昨日の飲み会のときご相談した件、実行しませんか？」など**気軽に会話しながら仕事を前に進める機会に変える**のです。
　あるいは、実際に会話しなくても、机の上にある資料や書籍を目にすることで「あ、あの人こんな情報を持っているんだ」という**情報収集の機会**にしたり、同僚の顔を見て「彼からもらった例のメールの件、締め切り今日だったな」など、**確認の機会**にすることもできます。

　このコース取りを、出勤時だけでなく、すべての移動で心がけるだけで、仕事の成果とスピードは、実は大きく変わるのです。

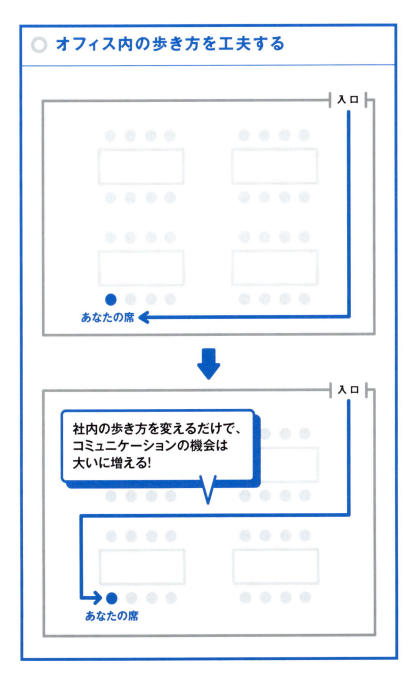

4 ポジティブワードを使う
Change 1% of Your Working Style

　みなさんは、日頃、自分がどんな言葉を使う**クセ**があるか、意識したことがありますか？
　毎日何気なく使っている言葉は、実は自分の行動を限定したり、相手に与える印象を左右したりするものです。
　例えば同僚の中に「お疲れ様」という言葉を絶対に言わない、という人がいました。「疲れていないのに、お疲れ様、と言われることに違和感がある」ためだそうです。つまり「お疲れ様」と言われることは、「疲れている」ことの強要だ、と彼は言うのです。
　言われてみれば、実は私も、「お疲れ様」という言葉に対しては「疲れていません」と、また「お忙しいところすみません」「ご苦労様」という言葉に対しては「無能扱いしないでください」と言いたくなることが多いのが本音です。
　こんなとき「ご活躍ですね」とか「お仕事充実しているようで何よりです」という前向きな言葉をかけられたら、とても嬉しく思います。
　何かをしてもらったときに**「ありがとうございます」**と言えばいいところを**「すみません」**と謝罪の言葉を使ってしまう場面もよく見かけます。相手に感謝すべきところをなぜか謝ってしまうのは、むしろ失礼なことですよね。
　このように**日頃よく使う言葉を、ネガティブワードからポジティブワードに置き換えるクセをつける**と、コミュニケーションが一気にうまくいくことがよくあります。
　言葉のクセというのはなかなか気づけないものですが、言葉遣いにはこだわりを持ち、ポジティブな表現にするための工夫をすると、効果はてきめん。
　あなたのコミュニケーションはその瞬間から、驚くほど好転します。

CHAPTER 05
コミュニケーションのコツ

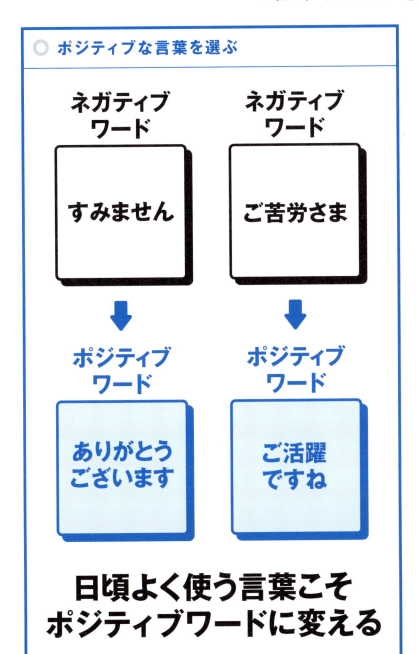

06

時間のコツ

ジカンのコツ

Change 1% of Your Working Style
CHAPTER 06 _ NO. 1-3

Change 1% of Your Working Style

1 優先順位を決める

　限られた時間の中で、スケジュールが重複し、どちらに優先順位を置くかを迷ったという経験が、みなさんあると思います。時間の使い方を考えるとき、この**「迷う」という時間ほど、ムダなものはありません**。

　このようなとき、いち早く意思決定でき、かつ絶対に後悔しない決め方のコツがあります。それは、**自分の中で前もって明確な優先順位を決めておく**というものです。

　例えば、私の場合は絶対的なナンバーワンとしてまず家族を置いています。続いて自分が担当しているお客様、次にチームメンバー、次にチームメンバー以外の仲間……といった感じです。ちなみにそれぞれの中でさらに細かく優先順位を決めています。この優先順位で私は仕事の優先順位も決めています。

　朝は保育園に子どもを送っていかなければなりませんので、会社に行ける時間は急いでも限界があります。したがってそれ以前の朝の時間帯に定例会議が開催されても迷うことなく欠席します。**迷いがないため、迷いに使う、ムダな時間は発生しません**。ちなみにそれが理由で仕事から外されたとしても、自分の優先順位がはっきりしているので、まったく後悔することはありません。

　むしろ逆説的ですが、その分チームに迷惑をかけないよう、朝以外の時間は成果を出すよう誰より努力できますし、迷ったり後悔したりする時間がない分、結果として効率よく、質も高く仕事ができます。

　このように、私の場合どんな仕事が同時に飛び込んできたとしても、先の優先順位が決まっているので迷うことはありません。

　限られた時間の中で、あせってすべてに対応しようとすると、結局どちらも中途半端で、パフォーマンスは落ちるものです。どこに時間を割くかを考えるとき、事前に優先順位を決めておくと、時間のムダがありません。

CHAPTER 06
時間のコツ

○ 迷う時間をなくす

優先順位を決めておけば迷わない

(例)

- ♛ 1 家族
- 2 お客様
- 3 チームメンバー
- 4 同僚
- ⋮

↑ 自分なりの優先順位を決めておく

スケジュールが重なったときは、事前に決めた優先順位で判断すれば、迷う時間を減らせる

Change 1% of Your Working Style

2 一つの行動に二つ以上の目的を持たせる

　ローマ帝国の礎を築いたとされるユリウス・カエサルは、**常に一つの行動に二つ以上の目的を持たせていた**そうです。一石二鳥とか、二兎も三兎も追ってそれを得る、というのを実行していたというわけです。
　カエサルの活躍期間は20年程度ということですが、短期間であれだけの仕事を成し遂げた彼ならではの逸話です。

　ビジネスは時間に制限があり、競争環境にもさらされているので、**スピードこそが武器**になります。一つのことに投入している時間や労力が、他の目的にも活用されれば、その分仕事はより速く、より多くできるわけです。

　カエサルのような国家規模の戦略や政策でなくとも、われわれもこれをまねできます。
　例えば、次のようなケースです。

- 他のフロアの誰かを訪ねるとき、近くに座っている別の同僚への用件も同時にすませる
- 乗り換えや電車待ちなど移動の時間で、ホウレンソウをしてしまう
- 通勤時間は、英語のヒアリングや資格取得等、自分の能力開発に使う

　ポイントは、「意識的に行う」ということです。
「結果的にそうなっている」ではなく、「この時間を、別の何かに有効活用できないか」と常に意識的に心がけるのです。
　これをクセにできると、パフォーマンスを上げながら、猶予時間も生まれるという**大きなおまけ**を手にできます。

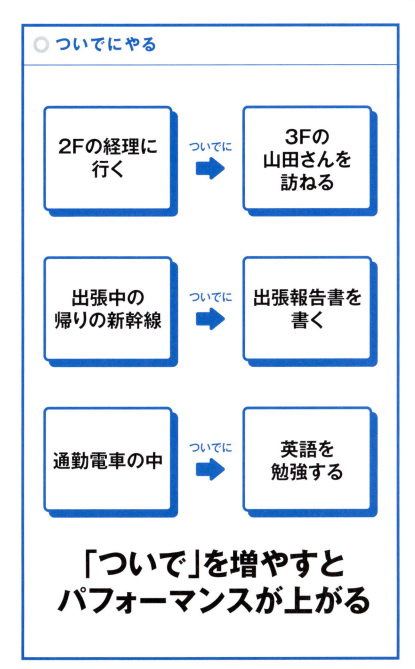

3 早朝型を試してみる
Change 1% of Your Working Style

　深夜型と早朝型、どちらで仕事をする人が多いかを比較すると、やはり深夜型が圧倒的に多いような気がします。
　しかし、**上位職になってくると早朝に仕事をしている人の割合は大きく増えます**。これは早朝に仕事をするほうが効率がいいと感じる人が多いからです。

　早朝であれば、電話はかかってきませんので考えることに集中できます。
　メールも朝なら今ある以上に増えませんので、たまったものを一気に処理できます。
　さらに朝はまだ、頭も冴えていて、**処理スピードが飛躍的に速い**ため、昼間なら難しい仕事も早朝ならば「朝飯前」です。
　私は学生時代から部活動の朝練で、強制的に朝4時台に起きていたため、早起きの習慣がつきました。そのおかげもあって今でも早朝に起きて仕事をすることにまったく抵抗がありません。
　4時台に起きて7時まで仕事をし、その後家事・育児をすませて出社。すでに大半の個人作業は終わっているので、その後はお客様やメンバーとの協働作業に当てられます。

　このスタイルに切り替えるコツは簡単です。
　前日に早く寝ることです。
　22時台に就寝すると、6時間は睡眠時間を確保できます。

　自分でも驚くほど効率が上がりますので、一度早朝型ワークスタイルを試してみてはいかがでしょうか。
　どうしても合わなければ元に戻せばいいのですから。

CHAPTER 06
時間のコツ

○ 早朝を効果的に使う

早朝のメリット

- 電話がかかってこない
- 誰からも話しかけられない
- メールが増えない
- 頭が冴えている

深夜のデメリット

- 話しかけられると仕事が中断する
- 処理しているそばからメールが増える
- 家だとテレビなど誘惑が多い
- 眠い

07

チームワークのコツ

チームワークのコツ

////////////////////////////

Change 1% of Your Working Style
CHAPTER 07 _ NO. 1-7

Change 1% of Your Working Style

1 人には「動いていただく」もの

　人が二人集まればチームが生まれます。組織で働くときは、チームワークと無縁ではいられません。ではチームで働くコツとは何でしょう。ここではリーダーとして、あるときは一メンバーとして、チームで使えるコツを紹介します。

　チームで仕事をすることの意義は、言うまでもなく一人ではできないことをメンバーで分担し、より大きな目的を達成することです。ただ、人間は機械と違って感情を持つ生き物ですので、チームのパフォーマンスはメンバーのモチベーションに左右されます。したがってチームメンバーは、それぞれ他のメンバーのモチベーションに配慮して、動く必要があるのです。

　仕事を頼むときに一番やってはならないことは、**命令口調**を使うことです。これをやられたほうは気持ちのいいものではありません。**「命令」**に対しては、**「服従」**することになります。「服従」の姿勢では決してよい成果は生まれません。悪くすると**「反抗」**につながります。

　たとえ上司部下の関係であっても、顧客と取引先業者であっても、ましてやチームメイトという関係であればなおさら、仕事を頼むときは「動かす」ではなく「動いていただく」気持ちがなくては、パフォーマンスは上がりません。

　私も若いうちから、チームのリーダーを務めることが多かったのですが、チームメンバーの中にはその道何十年というベテランの先輩も大勢いました。その方たちに仕事を依頼するとき、私は常に「お願いします」という依頼の姿勢を取っていました。これは相手が新入社員であっても同じです。

　プロフェッショナルは「依頼」や「期待」に対して最高のパフォーマンスで応えるものです。将来のプロフェッショナルである若手に対しても「期待」を込めて、同じ扱いをするべきです。

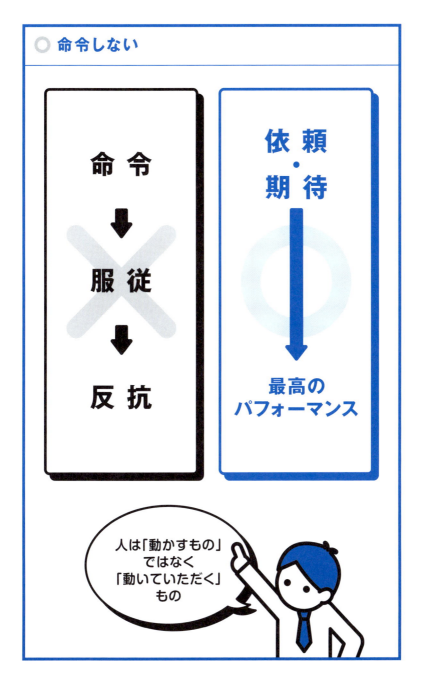

Change 1% of Your Working Style

2 情報は整理してから伝える

　仕事を誰かに依頼するとき、「○○会議の資料を作ってください」「この情報を資料化してください」という簡単な言葉のみで指示を出し、「後は考えて」と言う人がいます。

　私は、こういう依頼を受けたとき、必ず「依頼の背景と目的、期限を教えてください」と尋ねるようにしています。
　これがわかると相手の求める期待値が明らかになるため、的確な作業が可能になります。
　こう言うと中には、**「勉強のためだから、後は考えて」**とか**「そこを考えるのが仕事だろう」**という一見もっともらしい返答がくることがありますが、**これは仕事を依頼する側の怠慢**です。こうしたことを言う場合は、おそらく、上司から受けた依頼をただそのまま下に流しているだけの可能性が疑われます。

　チームワークが個人ワークと大きく異なる点は、メンバー間の情報共有や意思疎通が必要になる点です。これを少しでも怠ると大きなムダが生まれます。
　仕事を依頼する側は、持っている情報はすべて伝えるべきでしょう。
　少なくとも、**経緯や目的、期限や意義などはわかりやすく言葉を尽くして伝えるべきです。**
　このような情報の整理が、依頼する側に求められる義務なのです。上からの仕事をただ伝言するだけなら、あなたがそこにいる意味はありません。
　情報を共有した後、そこにさらなる付加価値を加える作業が、頼まれた側の仕事です。本来与えられるべき情報を、考えたり調べたりすることは、頼まれた側の仕事ではありません。

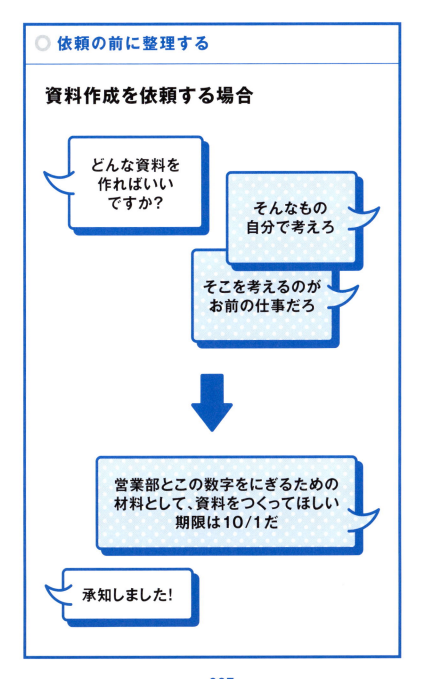

Change 1% of Your Working Style

チームの発展ステップ「4つのH」を理解する

　異動や組織改変、買収合併などで新しいチームの活動がはじまったり、新しいお客様を担当したりして、それまでとは違う環境で仕事をはじめるときは、期待半分、不安半分という気持ちだと思います。

　新しい関係を「結婚」にたとえ、異文化マネジメントの観点で整理した**フレームワーク**があるので、紹介します（右図参照）。

　ポイントは「敵対段階（第二段階）」です。
　新婚家庭でもハネムーン段階を過ぎると、エアコンの設定温度だの、醤油の置き場所だの、ちょっとしたことで言い争いが絶えません。しかしこれは異なるバックグラウンドのメンバーが集まり新しくできたチームであれば、必ず経験するステージです。
　ここでは感情的にならず、4段階の一つにすぎないと考えると、ユーモアを持って笑い合えるようになり、最後には新しい文化が作られます。
　また、色々な人が集まってこそチームですから、ステップアップに応じ、相手が大切にしているものを尊重してこそハイパフォーマンスがのぞめます。決して**自分の価値観だけで「常識」を決め、その基準を相手に当てはめてはいけません**。

　もちろん、チームとしての目的やゴールをお互い共有した上で、その達成度から淡々と個人個人の評価が決まるのが組織ですから、数字が好きな人は数字が上がる仕事を、定時に帰らなければならない人は、持ち帰ってできる仕事をすることで、各々の義務を果たします。
　このような形で**それぞれが気持ちよく自身の特性を活かす仕事をし、それぞれの形でチームに貢献しているときこそが、チームのパフォーマンスが最高になるとき**です。

CHAPTER 07 チームワークのコツ

○ チームは4段階で変化する

チーム発展の4つのH

1 Honeymoon
何をやっても楽しい。異なること＝発見の連続
「この人は何てすばらしいんだ！」

2 Hostility
だんだんアラ（異なることの別の側面）が見えてくる 「むかつく！」

3 Humor
異なることをすべてひっくるめて笑いに変えられる 「もう、しょうがないなあ」

4 Home
お互い歩み寄り、それが普通になり、自分のものになる 「あれをアレしといて」

Change 1% of Your Working Style

4 ポジティブフィードバックには理由を添える

　何かをやり遂げたときに、お客様からお礼を言われたり、チームメンバーから褒められたりする——。
　プロフェッショナルとして、これ以上の喜びはありません。
　メンバー同士で互いを称え合うことはとてもいいことです。ただし、褒めることだけが目的になってしまっては、その気持ちが相手に伝わってしまいます。これは、いわゆる**「お世辞」**というもので、言われたほうは特に嬉しくないものです。

　「よくやってくれましたね。ありがとう」とか、「がんばっていましたね」といった抽象的な感謝も、それが本当の気持ちならもちろん意義あることですが、何を褒められているかがわかりにくいため、伝わりにくく、またこれにプラスしてその後の相手の成長を考えるなら、あと少しのプラスアルファがほしいところです。

　褒めるとき、感謝するときはできるだけ具体的に伝えるべきです。
「あのときのあなたの発言は、的確でした。おかげでその後の司会進行がスムーズになりました」とか「1週間前倒しでの契約取得、ありがとうございます。おかげで契約目標件数が達成できました」といった形です。
　言われた側は、どういう行動がチームに喜ばれるのかが明確に理解できるため、その後の行動に具体的に反映できます。
　受けた期待に対して、それ以上のパフォーマンスで応え、そのことに対して感謝を受ける。それを糧に、また新たな期待に応えるために努力する——。
　フィードバックに理由を添えるというちょっとした工夫は、この好循環サイクルを継続的なものにするのです。

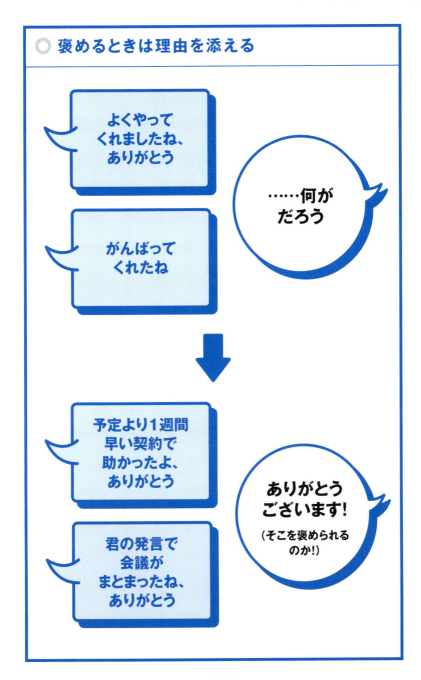

Change 1% of Your Working Style

「あいつ使えない」は敗北宣言と考える

　人を評価することは、評価者の立場にあるないにかかわらず、すべての人が行っているものです。「あの人とは仕事がしやすい」「あの人は優秀な人だ」といったコメントは、誰でも一度はつぶやいたことがあるのではないでしょうか。

　その中でときどき「あいつ使えない」という表現を耳にします。リーダーからのコメントとして、逆にリーダーに対してのメンバーからのコメントとしても聞くことがあります。**これは、チームワーカーとしての敗北宣言**です。

　かつて先輩が聞かせてくれた話があります。
「『あいつ使えない』という表現は、『あの人は役に立たない』という意味ではなく『私にはあの人を使う能力がない』という意味だ。『あいつ』と指差した手のうち３本は自分に向かっている」

　これを聞いて、私はこの言葉は決して使わないようにしよう、と決めました。この言葉を発するということは、自分が彼、彼女に対して適切な対応を取ることができず、負けを認めることだと感じたからです。

　しかし、現実には自分にとって、どうしても相性の悪い人も存在します。そういう人が自分の感覚ではありえない行動を取っているように見えるときは、相手を責めてしまいそうになることもあるでしょう。
　でもそんなときでも、「あいつ使えない」という言葉は封印し、発想の転換をしてみてください。**「あの人を使える能力を身につけよう」と自分の問題としてとらえ直す**ことで、他責にする代わりに前向きな解決策はないかと、ぎりぎりまで踏ん張ることができるのです。

CHAPTER 07
チームワークのコツ

○ あいつ使えない＝その人を使う能力がない

「あいつ使えない」という
言葉は封印

6 愚痴と意見を使い分ける

Change 1% of Your Working Style

みなさんは、「愚痴」と「意見」の違いをご存じでしょうか？
辞書的には以下のような定義です。
愚痴：言ってもしかたのないことを言って嘆くこと
意見：ある問題に対する主張・考え、心に思うところ

私は、前者は「次につながらない」こと、後者は何かの改善や発案など「行動につながること」だとシンプルに理解しています。

何か不満や苦情がある場合も、次につながるアクションを添えることで、「愚痴」は「意見」に変わります。

愚痴を言いそうになったときは、「ではどうするべきか」「そのとき自分はどういう役割を演じるか」について考え提案すると、チームは前進しはじめます。

では、愚痴は不要なものなのでしょうか。

実は私は、これは必要なものだと考えます。むしろ愚痴にこそ、他のメンバーの本音が隠されていますので、それを聞くことは現状の把握やリスクの察知を可能にする重要な情報源となるのです。**特にリーダーはメンバーの愚痴に耳を傾けることも仕事の一つと考えましょう。**

もちろん聞き終わった後は、「それでは対応策はどうしようか」と相談し、愚痴を意見に変えていきます。

リーダー自身の愚痴については、通常メンバーには慎むべきだと思いますが、信頼できる相手に対しては、たまにはこぼしていいと思います。

リーダーも人間ですし、リーダーの不満は次のリーダーたちに共有しておくべきことでもあるからです。

これも健全なチームワークの姿です。

CHAPTER 07 チームワークのコツ

○ 愚痴 ≠ 意見

愚痴
言っても
しかたないことを
言って嘆くこと

次につながら
ないこと

意見
問題に対する
主張や考えを
言うこと

次の行動に
つながること

でもたまには
愚痴も認める！

愚痴を意見に変えることが大事

7 多重人格になる
Change 1% of Your Working Style

　これは賛否両論あるとは思いますが、さまざまな環境で仕事をしてきた私の経験から出た結論です。
　相手に合わせてカメレオンのように自分の性格を変えることができると、チームで仕事をするとき、多くの人間関係が円滑に進むようになります。
　つまり相手の好みを察知しそれに合わせて演じられれば、いわゆる「かなり難しい相手」ともうまくやっていけるというわけです。

　例えば、人に頼りたいタイプの人には強気の性格を前面に出して引っ張っていくようにし、リーダーシップの強い人には、自分の中でちょっと足りない部分を前面に出し頼ります。スポーツ好きには体育会出身であることを、インテリには文学青年の面をアピールするといった具合です。すべて自分の実際の要素ですから、相手をだましているわけではありません。

　実際には、演技するというよりは、**自分の性格の引き出しから、相手と相性のいいパーツを取り出して表に出す**、という表現のほうが正しいかもしれません。
　こうすることで相手には気分よく動いてもらえます。そして、コミュニケーションが円滑になり、仕事が前に進むようになるのです（もちろん、核となる部分については、変える必要はまったくありません）。

　目的を達成するために相手への接し方を変えてみる。
　自分の表面上の性格を変えることは、重要なビジネススキルの一つでもあるのです。

CHAPTER 07
チームワークのコツ

◯ 相手に合わせて自分を変える

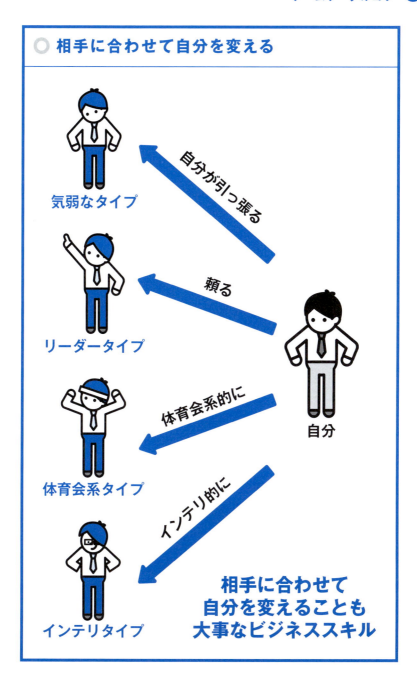

相手に合わせて
自分を変えることも
大事なビジネススキル

08

目標達成のコツ
モクヒョウタッセイのコツ

Change 1% of Your Working Style
CHAPTER 08 _ NO. 1-6

1 自ら限界を作らない
Change 1% of Your Working Style

　知識や技能を身につけても、なかなか仕事の成果につながらない──。そんなときは**気持ちの持ち方（マインドセット）**に問題があります。マインドセットは、気合や根性、誠意といった「精神論」になりがちですが、実は考え方を少し変えるだけで、大きく効果が上がります。

　何かに「チャレンジしたい」「こうなりたい」という思いを持ったとき、**「現実には無理だろうな」「自分にとっては高望みだ」**と、あきらめてしまうことはありませんか？

　あるいは他人から「そんなの無理だよ」「失敗するよ」とネガティブな「ダメ出し」を受けることであきらめてしまうこともあるでしょう。「燕雀いずくんぞ　鴻鵠の志を知らんや」（小人物に大人物の志などわからないという『史記』の言葉）をご存じでしょうか。他人の高い志に対する周りの「ダメ出し」はさまざまです。**嫉妬**や**上から目線**といった「燕雀」のコメントのようなネガティブなものから、本当にあなたを心配、あるいはあなたの成長のためのアドバイスを意図したものまで色々です。ただ私は、**これらの「自分へのダメ出し」を、基本的には気にしないようにしています。**

　あるとき高校時代の恩師が「志望大学に行くための条件は何か知っているか？」と聞いたことがありました。彼はこう言いました。「教えてやろう。簡単だ。『行きたいと思うこと』だ」。行きたいと思っても行けるかどうかはわかりませんが、行きたいと思わない人は絶対に行けないということです。

　自ら「ダメ出し」さえしなければ「チャレンジ目標」は簡単に決まります。

　目標が決まれば、それを叶えるための計画と努力がはじまります。そして、失敗や挫折を繰り返しながら、人は工夫・成長し、目標へと近づけるのです。

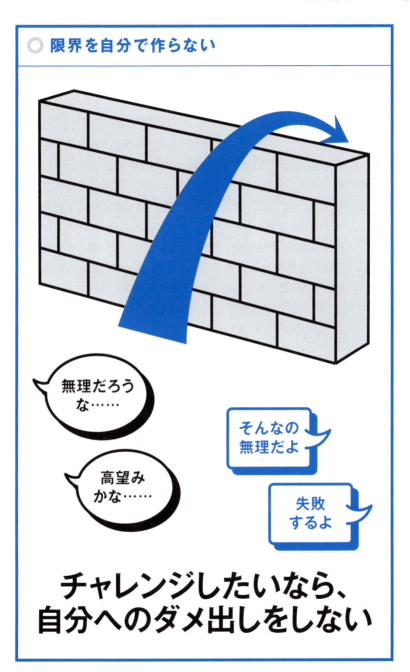

2 ルールを疑う
Change 1% of Your Working Style

　新しく目標を立てて進み出しても、**できない理由**が次々に出てくることがあります。組織の中にそれを**規制するルール**があったり、複雑な**稟議**があったり。これがあるとプロジェクトは時間切れを起こしたり、骨抜きになってしまったりします。大きな組織、歴史のある組織ほど、こういうことがあるものです。

　これは**大失敗を防ぐ、組織の「防衛本能」**です。

　どこかで誰かがミスや不正をすると、また一つ事前チェックプロセスが加わります。組織の大きさや歴史の長さがその数を増やすわけです。

　しかしこれにかまってばかりいたのでは、物事が前に進みません。

　そこで工夫が必要です。私は次のようなことをしています。

①（ルールがあるなら）**それが本当にルールなのかを調べる**
　ルールは単なる思いつきや習慣、ローカルルールであることが多い。
②**ルールには例外があると考える**
「申請資格は主任以上」であれば、「主任」の人の名前を借りる、あるいはそのときだけ「主任相当」にしてもらうなどの例外対策が取れないか考える。
③**ゴールに向けた最短距離を描いて走る**
　例えば「最終合意者」に最初に合意してもらうなど、ルールにはしたがいつつも、最短ルートを考える。

　ただ今後もし、あなたが組織のルールを作ったり運営したりする立場になったら**「事前チェックプロセス」**を増やすのではなく、まずは物事を進めてみて問題があれば責任を取るという**「結果責任プロセス」**に変えられると、組織の目標達成は早まります。来るべきその日のためにプランを温めてみてください。

CHAPTER 08
目標達成のコツ

本当にそれはルールなのか？

改めてルールをチェックする
- ただの習慣ではないか、チェックする
- ローカルルールではないか、チェックする

例外をさぐる
- 物事には必ず例外があるもの

権限がある人の力を借りる
- 自分の力でできないことは、人にお願いする

Change 1% of Your Working Style
3 簡単なことから習慣化する

　例えばTOEICで高得点を取るために英語学習をはじめたい、という人がいるとします。この人はまず何からはじめるべきでしょうか。

　いきなり英会話学校に入学するとか、分厚い参考書を買って学習しはじめるという手段もあるとは思いますが、私の経験から言えることは、この手の学習方法は長続きしないということです。意気込んではじめても、あまりの負担にそれが苦しみになり、結局挫折してしまうのです。

　英語学習に限らずですが、**何か新しいことをはじめるには、できるだけ負担のない簡単なことからはじめること**を強くおすすめします。

　英語学習のケースなら、たまに届く英語のメールを欠かさず読むことからはじめるとか、家にいる間は英語のラジオをつけっぱなしにするといった、**遊びと区別がつかないような軽いところから少しずつはじめるのがコツ**です。

　一旦開始して習慣化すると、だんだん負担が少なくなります。そして続けられたものについては思ったより身についているものです。
　身についていれば次のステップに移り、負担を少し増やしても続けられるようになります。そうするといつの間にか英会話学校や分厚い参考書にも耐えられるようになっています。

　一見遠回りのようですが、実はこれが目標達成に向けた近道です。**「継続は力」ですが、「力が必要な継続」は継続しない**のです。

Change 1% of Your Working Style

4 メモは行動につながるキーワードのみにする

　メモの取り方は人それぞれ工夫があると思います。「メモ」というからには覚書、記録のために書くのが一般的でしょう。
　ここでは目標達成のためのメモという視点で、考えてみたいと思います。

　学生の勉強や新入社員研修の世界では、新しい知識や情報を記憶にとどめるためにメモを取るのが、大変重要かつ有効だと思います。
　しかし仕事を進める上では、知識や情報を記憶することにあまり価値はありません。
　相手の名前や肩書きを知るには名刺があるし、会議では議事録があります。資料はデータファイルや配布物の形で手元に残ります。
　では何のためにメモを取るのでしょうか。
　仕事の情報はすべて次の行動につなげるためのものであるべきです。記念に書き残しておくためのものでもないし、万が一のための記録でもありません。
　したがって、**目標達成のためのメモは、すべて次の行動につながるものになっていなければ意味がありません。**
　具体的には、すべてのメモを「○○を伝える」とか「××を作成する」といった**「アクションアイテム」形式**にすることです。

　私のノートは日付の下にアクションアイテムのリストのみが並んでいます。その日の終わりに見直して、翌日のリストを作ります。朝はそのリストの確認からはじまります。
　過去にさかのぼって見直す必要がないので、最後まで使い終わったらその場でシュレッダーにかけ廃棄します。
　目標達成のためのメモは、これでいいのです。

CHAPTER 08
目標達成のコツ

○ メモを使って目標を達成する

memo
- 4月は1000万円の契約をとる
- 3月は700万円だった
- 年間の売上目標は1億円

アクションアイテムのみをメモする

memo
- 4月は30件新規で訪ねる
- 3月未達の原因を、4/5までに洗い出す
- 毎月1000万円のノルマを課す

課題と懸念事象を分けて考える

Change 1% of Your Working Style

仕事では、預言者でもない限り、問題の起きない完璧な計画を作ることは不可能です。

問題解決をするときに使うといい方法があります。

便宜上「問題」と書きましたが、この場では「目標達成を妨げる、好ましくないこと全般」と思ってください。

まず問題の中には、すでに発生してしまっている**「課題」**と、まだ現時点では起こるかもしれない**「懸念事象」**が混在することを意識しましょう。これらは対処方法が異なるため、分けて管理する必要があります。

①課題

これは起きてしまっているため対処方法は一つ。**解決に全力を尽くす**だけです。分析してそこに集中するのです。

②懸念事象

これは未だ起きていないため、事象を分析した上で大きく4つの方法、**「放置する」「逃げる」「転嫁する」「減らす」**で対処します。

分析した結果、起きてもそれほど影響がない場合は「放置」します。また、可能であれば「逃げ」ますし、保険をかけたり他の業者に担当してもらったりする「転嫁」も有効な手法です。そして最も多いケースが、起きた場合の影響や発生可能性を「減らす」努力をすることです。

一番やってはいけないのが「課題」と「懸念事象」を混同し、すべての問題に対して同じように労力をかけて解決しようとすることです。放置していいものを解決する時間があるくらいなら、他のことに使うべきです。

CHAPTER 08
目標達成のコツ

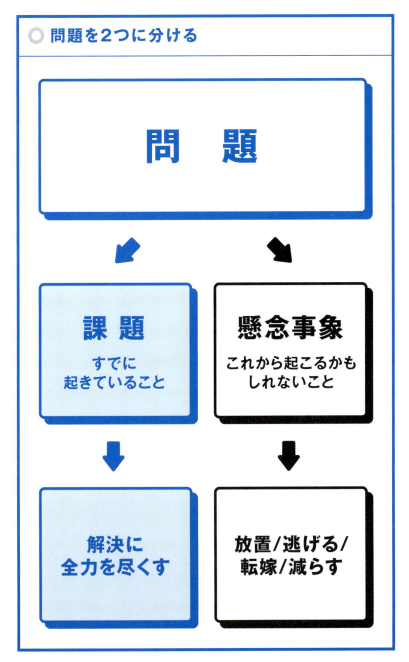

6 体調の維持をする
Change 1% of Your Working Style

　どんなに知識や技能を会得しても、どんなにマインド面での研さんを積んでも、体が弱ってしまっては元も子もありません。
「体が資本」という表現があるように、体調・体力は仕事をする上での**最低条件**です。体力が低下すると一般的に思考力や精神力も低下します。いかに体調を高いレベルで維持するかは、実は何よりも大切です。

　食事や**睡眠**といった生活習慣については、どういうときに自分のベストコンディションを保てるかを把握しましょう。
「平日だけなら４～５時間睡眠でも大丈夫」とか「３日に１度は休肝日を設ける」といった自分なりの管理方法を決めてください。それが守れないときの対応策も、準備しておくといいでしょう。サプリメントや移動手段、作業場所の変更などが対応策の一例です。
　また、衛生面での予防は、地味ですが必要不可欠です。冬場の**うがい・手洗い**や、**予防接種の受診**などは自分のためだけでなく、チームや家族のためには義務と言えると思います。
　健康診断などの健康管理手段も積極的に活用していくことで、生活習慣の悪化による体調の変化を感知することができますし、悪くなる前の早期発見にもつながります。

　健康の話で章を終えるビジネス書も珍しいかもしれませんが、基本にこだわった本書らしいとも思います。健康を管理し体力・体調などのコンディションを維持することは、誰でもやろうと思えばできること。むしろ知識や技能をつけるよりも価値があることかもしれません。
　健康に気を配れる人ほど自分の仕事に責任を持ち、目標を軽やかに達成していくものです。

CHAPTER 08 目標達成のコツ

○ 健康に気を配る

図解
99%の人がしていない
たった1%の仕事のコツ

発行日　2015年2月25日　第1刷
　　　　2016年7月10日　第4刷

AUTHOR　河野英太郎

BOOK DESIGN(COVER)　金井久幸（Two Three）
本文デザイン & DTP　中村勝紀（TOKYO LAND）
図版作成　TYPEFACE

PUBLICATION　株式会社ディスカヴァー・トゥエンティワン
　　　　　　　〒102-0093　東京都千代田区平河町2-16-1 平河町森タワー11F
　　　　　　　TEL　03-3237-8321（代表）
　　　　　　　FAX　03-3237-8323
　　　　　　　http://www.d21.co.jp

PUBLISHER　干場弓子

MARKETING GROUP
STAFF　小田孝文　中澤泰宏　吉澤道子　井筒浩　小関勝則　千葉潤子　飯田智樹　佐藤昌幸　谷口奈緒美　山中麻吏　西川なつか　古矢薫　原大士　郭迪　松原史与志　中村郁子　蛯原昇　安永智洋　鍋田匠伴　榊原僚　佐竹祐哉　廣内悠理　伊東佑真　梅本翔太　奥田千晶　田中姫菜　橋本莉奈　川島理　倉田華　牧野類　渡辺基志　庄司知世　谷中卓
ASSISTANT STAFF　俵敬子　町田加奈子　丸山香織　小林里美　井澤徳子　藤井多穂子　藤井かおり　葛目美枝子　伊藤香　常徳すみ　イエン・サムハマ　鈴木洋子　松下史　永井明日佳　片桐麻季　板野千広　阿部純子　岩上幸子

OPERATION GROUP
STAFF　松尾幸政　田中亜紀　福永友紀　杉田彰子　安達情未

PRODUCTIVE GROUP
STAFF　藤田浩芳　千葉正幸　原典宏　林秀樹　三谷祐一　石橋和佳　大山聡子　大竹朝子　堀部直人　井上慎平　林拓馬　塔下太朗　松石悠　木下智尋　鄧佩妍　李瑋玲

PROOFREADER　文字工房燦光
PRINTING　　大日本印刷株式会社

・定価はカバーに表示してあります。本書の無断転載・複写は、著作権法上での例外を除き禁じられています。
　インターネット、モバイル等の電子メディアにおける無断転載ならびに第三者によるスキャンやデジタル化もこれに準じます。
・乱丁・落丁本はお取り替えいたしますので、小社「不良品交換係」まで着払いでお送りください。

ISBN978-4-7993-1643-6　©Eitaro Kono, 2015, Printed in Japan.